AF253997

A Messieurs les électeurs de l'arrondissement de Rambouillet

SUR LE CUMUL DES FONCTIONS ÉLECTIVES.

Versailles, le 1er juin 1876.

MESSIEURS ET CHERS CONCITOYENS,

Une des questions les plus débattues aujourd'hui est celle du cumul des mandats de sénateur ou de député avec ceux de conseiller général, municipal, d'arrondissement ou de maire.

Notre Chambre vient de rejeter la prise en considération de la proposition de M. de Gasté sur l'incompatibilité de ces divers mandats. La question, par suite, est restée entière, sans débat à fond sur les avantages et les inconvénients de ce cumul. Or, il est utile qu'elle soit élucidée, puisque les électeurs ont à la résoudre sans cesse, en envoyant ou non les mêmes hommes siéger dans ces différentes assemblées.

De même que beaucoup de mes collègues, je cumule aujourd'hui ces divers mandats. Je suis donc à même de traiter la question en pleine connaissance de cause ; et il est de mon droit, voire même de mon devoir, de le faire. J'ai, de plus, en l'espèce, une situation personnelle à expliquer : ainsi que vous le verrez en poursuivant jusqu'au bout la lecture de cette lettre.

Telles sont les raisons d'être de la présente étude conçue avant tout, au point de vue pratique de la présente réalité des faits : parce que ce point de vue est celui dont je m'occupe en général bien plus volontiers que de copies historiques ou de théories sujettes à controverses, comme toutes les théories.

J'entre maintenant dans la question.

Tout d'abord, au début, je déclare en vue de bien préciser le débat que je ne prétends pas qu'il y a incompatibilité entre les fonctions de maire, de conseiller munipal, général ou d'arrondissement et celles de sénateur ou de député : en ce sens qu'il y a impossibilité d'exercer à la fois ces diverses fonctions. La preuve que non, est dans le fait même de ce cumul existant depuis longtemps, très-fréquent et qui n'empêche pas les choses de marcher.

C'est vous dire, comme préambule, que je ne blâme en aucune façon ceux de mes collègues des deux Chambres qui pensent et agissent différemment de moi. J'ignore leur canton et leur situation personnelle dans ce canton, où ils peuvent avoir de bonnes raisons pour cumuler utilement. Mais ici, dans Seine-et-Oise, à Rambouillet et dans tous les centres éclairés où les individualités fourmillent, il me paraît préférable que ces différentes fonctions soient réparties entre différentes personnes.

C'est vous dire encore que : tout convaincu que je sois des inconvénients de ce cumul, j'eusse probablement, en fin de compte, voté contre la proposition qui l'interdit : parce qu'il faut, autant que possible, je crois, laisser aux électeurs la liberté complète de leurs choix. A vous Messieurs, bien plus qu'à nous, il appartient de trancher vous-même ces questions, selon vos nécessités locales. De plus, cette incompatibilité élective ne me paraît pas mûre encore. Mieux vaut attendre, pour la déclarer, que nos institutions républicaines, plus entrées dans nos mœurs, aient fait comprendre à chacun l'importance de son choix en fait de mandataires; et, par suite, la nécessité de fractionner les pouvoirs de ces mandataires, ainsi que je vais essayer de le prouver.

Ceux d'entre vous qui suivent mes votes avec attention s'étonneront peut-être que, pensant ainsi, j'aie voté la prise en considération de cette même proposition d'incompatibilité. Je leur répondrai que je l'ai votée, parce que je crois qu'il eût été préférable de laisser la question se discuter, ne fût-ce que pour permettre au pour et au contre de se produire à leur aise. Mais nous avons été battus sur cette question, et bien battus : à une forte majorité. Je ne suis pas de ceux qui, prétendant avoir toujours raison, ressassent incessamment la même question sans se soumettre jamais à quoi que ce soit. Donc, je m'incline avec respect devant la décision de la majorité. Mais comme, par cette décision même, la question est portée de la Chambre devant les électeurs et qu'aucun débat préliminaire n'a passé devant eux, il me paraît utile de traiter ce sujet avec détail.

Ceci étant dit au préalable, en vue de bien préciser la question ainsi que la nécessité pour vous de vous former un jugement sur la matière : voici les raisons principales qui, selon moi, militent contre ce cumul :

1° La première est tirée de l'importance des fonctions de sénateur ou de député et de conseiller à titres divers, qui, aujourd'hui moins que jamais ne sont des sinécures.

Le changement du régime politique passé de l'Empire à la République; la loi de 1871 sur les conseils généraux, avec leur commission départementale, sorte de conseil municipal en permanence donné à chaque préfet; l'élection sénatoriale mise aux mains des conseillers de tous ordres ; la prochaine loi des maires et à sa suite la loi municipale forcément remaniée ; tous ces changements primordiaux de notre ordre social ont complétement modifié la situation des pouvoirs électifs en France. Tous, tant que nous sommes, élus du pays, conseillers municipaux, généraux ou d'arrondissement, députés, sénateurs, nous n'existions pas en quelque sorte ou nous n'existions que selon le bon vouloir du maître, l'empereur. Aujourd'hui, grâce à Dieu et aux résultantes forcées du suffrage universel, nous sommes vos mandataires réels, effectifs, pour exercer le pouvoir pour vous, sous votre contrôle permanent, sanctionné par des élections à délais rapprochés.

Nous avons donc tous à travailler et beaucoup, chacun dans notre sphère, pour remplir dignement le mandat agrandi par la République, que vous nous avez confié.

Nous avons d'abord les intérêts généraux de l'Etat, du département, de la commune, qu'il est de notre devoir de suivre incessamment partout, aussi bien dans vos assemblées qu'en dehors d'elles, et qui, par suite, exigent nos préoccupations constantes. C'est là notre première tâche, et je vous assure qu'elle suffit à qui veut la remplir.

Outre ce labeur, cependant, et comme hors-d'œuvre incessant ajouté à notre banquet de travail, il en est un autre presqu'aussi lourd, c'est celui de la défense de vos intérêts publics ou privés. Nous sommes, de par nos situations, les hommes-liges naturels de tous ceux de nos électeurs qui ont besoin de nous. Or, cette seconde

, besogne nous occupe assez pendant les intervalles des sessions — et même pendant les sessions, ce qui est un tort des électeurs, parce qu'à ces moments la Chambre nous suffit — nous occupe assez, dis-je, pour que nous ne l'augmentions pas encore en cumulant.

On dira à cela que cette dernière tâche étant facultative, nous pourrions nous y soustraire. Non, parce que tous, plus ou moins, par nos amis ou par nous-mêmes, nous avons tous promis de nous occuper de ces intérêts et qu'un honnête homme n'a qu'une parole.

Non, parce que nos électeurs nous ont mis au monde en partie pour cela.

Non, enfin et surtout parce que cette tâche est dans la logique de nos situations à tous, depuis le premier jusqu'au plus haut degré de l'échelle élective.

Quand l'homme qui nous a choisis pour le représenter dans les plus importantes de ses affaires, celles de la commune, du département, du pays, est embarrassé dans une circonstance quelconque, d'une gravité exceptionnelle pour lui, qui voulez-vous qu'il aille trouver d'abord pour l'assister?

Qui, si ce n'est nous, par préférence naturelle? Nous, son conseiller municipal, général ou d'arrondissement, son député, son sénateur; en un mot tous ceux qu'il a choisis directement pour contrôler en son nom l'administration de la commune, du département ou de la France. Nous sommes ses élus directs, les chefs choisis librement par lui en connaissance de nous. A qui s'adresserait-il plus volontiers qu'à nous? A qui aurait-il plus de légitime confiance? A qui plus de droit, de par cette confiance, de demander appui ou conseil?

Notre devoir est donc de l'assister de notre mieux chaque fois qu'il se réclame de nous, quelque lassante que soit la besogne, quelqu'étrange parfois, multiple toujours.

Cette besogne, je n'ai pas à la détailler ici, dans ses travaux, ses lettres, ses démarches. Vous la connaissez ou la pressentez aussi bien que moi ; j'en suis sûr à la réserve amicale que la plupart d'entre vous employent dans leurs lettres ou leurs visites. Je me bornerai à dire à l'appui de ma thèse que mes vacances pascales m'ont été prises par cette tâche, sans que j'aie pu faire autre chose.

Or, pour suffire à ces labeurs, mieux vaut de beaucoup être plusieurs qu'un seul. Il est des jours, quant à moi, où je ne sais à laquelle entendre de mes diverses fonctions électives de maire, de conseiller général et de député ; car enfin j'ai beau faire de mon mieux, je ne puis pas être partout à la fois, et souvent il me faut négliger les unes pour l'autre. Demandez à mes nombreux collègues dans le même cas que moi, si je ne suis pas dans le vrai ?

Malgré mon respect — sinon ma confiance — pour l'histoire, celle de César dictant cinq lettres à la fois et les dictant bien, m'a toujours paru devoir être reléguée aux légendes, avec les travaux d'Hercule et autres fables à usage de l'orgueil national ou particulier de chaque époque. Pour moi, je sens que si je partageais mon triple labeur avec des hommes du même parti que moi, avec qui nous nous entendrions de travaux et de démarches, cela vaudrait mieux pour notre commune, notre canton et la chose publique. Quant à ceux de mes collègues qui, plus droits qu'Atlas, portent tout cela et plus encore sur leurs robustes épaules, je les admire très-amicalement, mais non sans beaucoup de scepticisme à l'endroit de leur puissance herculéenne pour mener à bien ces dix mille travaux !

Que voulez-vous, nous ne sommes plus jeunes en général, tous tant que nous sommes, sénateurs ou députés.
Donc faisons en sorte, autant que possible, d'être aidés
par des jeunes, pour être remplacés par eux quand les
infirmités ou la mort, qui ne sont jamais loin, viendront
frapper à notre porte. C'est encore un de nos devoirs de
nous chercher des héritiers tout prêts, dignes du pays,
pour partir plus tranquilles et plus tranquilles paraître
devant le juge, quand sonnera l'heure du grand départ !

2° Il est de l'intérêt de la patrie et de la République,
intérêts que je regarde comme indissolublement liés
aujourd'hui, de répartir les fonctions électives entre le
plus de monde possible. Plus il y aura d'hommes in-
vestis de la confiance générale, plus il y en aura d'at-
tachés à la République, et, par suite, intéressés à l'af-
fermir, ne fût-ce que pour garder les fonctions qu'ils
occupent. Il est, d'ailleurs, parfaitement juste et con-
forme à notre esprit national égalitaire, s'il en fut, ce
qui n'est que la conséquence de notre esprit d'équité, il
est parfaitement juste, dis-je, que des fonctions qui sont
distinctes soient exercées par plusieurs : le soleil luit
pour tout le monde, et nul, grâce à Dieu, n'a encore
trouvé moyen de le confisquer à son seul usage.

La Constitution elle-même nous indique de ne pas
cumuler ces fonctions en nous disant, article 2 de la loi
organique du 2 août 1875, sur l'élection des délégués
sénatoriaux :

« Le choix des conseils municipaux ne peut porter
ni sur un député, ni sur un conseiller général, ni sur
un conseiller d'arrondissement. »

Or, pourquoi a-t-elle interdit ce choix ?

Pour éviter l'alternative, ou de perdre certainement
beaucoup de voix, ou d'accorder parfois jusqu'à trois

voix au même homme : puisqu'un député, par exemple,
eût pu avoir à la fois sa voix de député, celle de conseiller général et enfin celle de délégué. Or cela était
beaucoup de voix même pour un honorable !

Ce que la Constitution a voulu éviter entre le délégué
sénatorial et nous, elle eut dû, pour être logique, l'éviter
aussi entre les conseillers et les sénateurs ou les députés.
Mais il fallait alors, à cette occasion, trancher la grosse
question du cumul. Le sacrifice était dur. La Constitution n'était nullement marâtre, surtout pour les sénateurs, les Benjamins de son choix. Abraham constituant
évita le sacrifice en faisant la sourde oreille à cette conséquence ; et il eut raison, car l'affaire était trop grave
pour être ainsi tranchée incidemment, pour quelques
voix perdues dans une élection sénatoriale.

C'est donc aux électeurs surtout à faire sortir de la
Constitution ses conséquences, en ne confiant pas au
même homme des fonctions instituées pour plusieurs.

Quant à moi, si j'étais vous tous à la fois, mes chers
électeurs, et que votre serviteur voulût cumuler, je
n'hésiterais point, je lui donnerais sa démission de l'une
ou de l'autre fonction, en choisissant quelqu'homme
honnête et capable, l'un de ses successeurs désigné par
sa capacité pour le remplacer quand viendra le moment. Mais vous n'aurez pas besoin de cela, je vous le
promets. Je me retirerai de moi-même sans votre ver-
dict préliminaire.

Rappelez-vous, rappelons-nous sans cesse, électeurs
que nous sommes, que le sort de la patrie, le nôtre, celui
de tout ce qui nous est cher est dans nos mains, nos seules
mains. Choisissons nos mandataires sans passion, sans
souci des intérêts mesquins et insignifiants de chacun,
en ne cherchant que le grand intérêt, celui de la France;

Changeons-les s'ils font mal. Puis tout ira bien, je vous le jure : parce que tôt ou tard, demain ou après, il faudra que tout et tous ployent devant votre volonté. Nul, aujourd'hui, si haut placé que le sort l'ait fait naître ou monter, n'a le droit ni le pouvoir d'entraver un vœu national. Donc réfléchissez bien à vos volontés ; mûrissez longuement chacune d'elles avant de la prendre ; puis, quand vous l'aurez prise, agissez par vos votes. Quelque soit le cramponnement égoïste de n'importe qui à n'importe quelle idée fausse, tenez pour certain que la vérité les arrachera tous deux.

3° Enfin et surtout ces fonctions ne doivent pas être cumulées, parce que les conseils généraux étant la meilleure de toutes les pépinières pour le recrutement des Chambres, il importe d'y faire développer le plus de sujets possible.

C'est là que le conseiller municipal commence à voir autre chose et plus loin que son village, dont le clocher trop aimé lui remplit trop souvent les regards et la pensée. C'est là qu'il apprend les affaires en les travaillant, ou même simplement en les entendant défiler en séance. Là, mieux que partout ailleurs, qu'il commence de toucher aux services de l'Etat, en touchant ceux du département et ainsi achève de se former par la pratique, ce soleil quotidien, que rien ne vaut pour mûrir tout, les hommes et les choses.

Une des faiblesses de la France est sa pénurie d'hommes publics, véritablement dignes de l'être. Il est des cantons où on a peine à trouver un conseiller général. Il est donc important que des hommes se forment, et, pour arriver à ce but, qu'on laisse la place libre à ceux qui ont cette noble ambition d'être utile à leur pays, en ne leur fermant pas la carrière par des cumuls aussi nuisibles qu'injustes.

Cet amas de fonctions sur une seule tête n'a de raisons d'être que sous les gouvernements absolus qui, pour garder le pouvoir plus facile et plus entier, ont intérêt à ne le répartir que sur le moins de têtes qu'ils en peuvent laisser se dresser, afin de les avoir mieux en la main, dans les rênes, et par elles de nous bâter tous plus facilement.

Les mêmes hommes, si l'Empire avait pu, eussent été à la fois chambellans d'abord, puis sénateurs, députés, conseillers, maires, et surtout électeurs, pour dire oui, oui toujours, d'une seule voix respectueuse, à tous ses caprices césariens de gaspillage et de guerre !

Sous la République, et une République démocratique, comme celle de la Suisse et des Etats-Unis, ce cumul n'a plus de raison d'être. Il faut, au contraire, diviser les fonctions, afin que l'Etat soit mieux servi. A chacun une tâche dans le labeur commun. A chacun un outil, un rôle, un cerveau travaillant, pour sans cesse améliorer cette ruche bien-aimée qui a nom la France.

Plus un Etat est riche et marchant bien, plus il lui faut — non pas de serviteurs pour chaque fonction, — mais de division dans les emplois des serviteurs. De façon à ce que le même homme ne soit pas à la fois cocher et cuisinier, comme le laquais de Molière, sans autre différence que l'habit qu'il endosse. Plus une civilisation se perfectionne, plus elle précise les professions et ainsi arrive à faciliter les tâches, à les rendre moins coûteuses et plus savantes en chaque métier.

Dans la tribu indienne, cette enfance de l'humanité — comme dans la tribu kabyle, cette vieillesse — chacun fait pour soi tout : son arc, ses flèches, ses pote-

ries, sa demeure, ses vêtements quand il en porte —
tout. Chez nous, au contraire, qui sommes en pleine
maturité de race humaine, chaque chose est fabriquée
par un homme spécial. L'un fait du drap, l'autre des
assiettes, celui-ci de la médecine, celui-là des lois.

Et vous voulez que le même homme administre à la fois
sa commune, son département et l'Etat ? quand vous
avez des hommes de bonne volonté par milliers, pour
se partager ces difficiles besognes ? Dites que cela vous
est un moyen — un mauvais, selon moi — de garder en
vos mains un pouvoir plus complet et plus étendu.
Avouez que cela est la résultante de l'égoïsme humain,
qui accaparerait la terre entière et les planètes, si Dieu
le permettait. Mais ne dites pas que cela est l'intérêt
de la patrie, car vous savez bien le contraire, vous tous
surtout qui portez le poids de ce triple labeur !

Puis, croyez-moi, exécutez-vous de vous-mêmes, messieurs mes chers collègues en cumul, partout où vous
ne serez plus vraiment nécessaires. C'est le sage parti,
parce que c'est justice. Place à tous au soleil de la vie !
Ceux d'entre vous qui, sans autre raison qu'un intérêt
égoïste mal entendu, persisteront dans ce cumul seront
tous, à moment donné, brisés par leurs électeurs et avec
raison, qui que vous soyez. C'est le courant : ce sera le
courant chaque jour davantage, à mesure que la République grandira : car c'est l'équité, l'équité la première
loi d'ici-bas, celle à qui tout doit obéir, tôt ou tard, tout,
le suffrage universel lui-même, quelles que soient parfois ses préférences intéressées. Exécutez-vous de vous-
mêmes, en détail, au fur et à mesure de vos inutilités,
pour que la loi de nature, la loi de l'intérêt de tous ne le
fasse pas pour vous en vous exécutant tout entier au
premier vote.

Tels sont les motifs divers qui, selon moi, militent contre le cumul des fonctions électives en question.

Ses défenseurs arguent de plusieurs raisons contraires dont quelques-unes bonnes, je m'empresse de le reconnaître. Toute chose humaine, surtout les choses existantes, ont une raison d'être quelconque : et c'est pour cela même qu'il ne faut pas les détruire avant d'avoir longuement réfléchi, longuement tâté la question sous ses faces multiples.

Examinons donc chacune de ces raisons tour-à-tour, les mauvaises comme les bonnes.

La première invoquée est à usage du sentiment, ce levier tout-puissant de tant de questions, en France surtout, où si souvent il nous fait faire, du jour au lendemain, tant de folies regrettées !

On dit que ce serait dédaigner ses électeurs et le conseil général que de donner sa démission quand on est nommé sénateur ou député : les traiter en moyen de parvenir, en marche-pied qu'on repousse avec dédain aussitôt l'ascension.

Je reconnais que cela n'est pas mal trouvé pour se justifier de garder toutes ses fonctions : parce qu'on masque ainsi son besoin de pouvoir par une tendresse reconnaissante qui, bien jouée, pose bien son acteur, en salon surtout. Mais les électeurs, à force d'être refaits au sentiment, deviennent de plus en plus malins chaque jour. Je doute que beaucoup d'entre eux se laissent prendre de la moindre larme à ce sentimental argument.

On garde ses fonctions parce qu'on est homme et que l'homme aime essentiellement à garder ce qu'il a; tout, son pouvoir comme son argent. Voilà la vraie raison. D'ailleurs le sentiment n'a rien à faire en l'espèce. Cela

ne vaut point d'être réfuté, n'est-ce pas? Donc pas-
sons.

Un autre argument sérieux et à double face consiste
à dire qu'il est avantageux pour le pays et le département que ses représentants reviennent plusieurs fois
chaque année se retremper dans leurs ondes électorales : pour, d'une part, y apporter les larges idées de
politique générale puisées au Parlement, et, d'autre
part, en remporter les impressions du pays. Tout gagne
à cet échange de pensées entre Paris et la France : les
conscils départementaux et municipaux, en entendant
des voix autorisées traiter des grands intérêts de la patrie en dehors et au-dessus des intérêts locaux : le Parlement, en raprenant uu peu du calme réfléchissant de
la province. Or, si les sénateurs et les députés n'étaient
point forcés d'aller deux fois l'an dans leur département
comme conseillers généraux, ils iraient bien moins et
souvent même pas du tout.

On pourrait répondre, et je réponds que beaucoup de
sénateurs et de députés ne sont pas conseillers généraux et n'en vont pas moins dans leurs départements
pendant les vacances des Assemblées. Tout au plus cela
pouvait-il se produire sous l'empire du scrutin de liste
qui abusait parfois des députés étrangers à une localité.
Mais aujourd'hui, avec le scrutin d'arrondissement nom-
mant de plus en plus des hommes du pays, ces hommes
y reviendront toujours et le plus souvent possible, parce
qu'ils auront à y retrouver non-seulement leurs électeurs, mais leurs familles et leurs affaires privées.

Toutefois, je reconnais que l'argument a du bon,
beaucoup de bon, et que si les arguments contraires
n'étaient pas bien plus nombreux et plus forts, celui-là
me toucherait, surtout pour les départements très-éloi-

gnés de Versailles. C'est pour cela que sous ce rapport la proposition de M. Sallard qui donne à tous les sénateurs et députés entrée de droit aux conseils généraux, sans mandat spécial d'un canton, a de très-bonnes raisons d'être. Elle satisfait à ce besoin sans avoir aucun des inconvénients du cumul.

J'y ajouterais bien, comme corollaire, le parcours gratuit des sénateurs et députés sur la ligne de leurs départements à ces deux époques. Mais bon nombre d'entre vous, mes chers compatriotes, ne manqueraient pas de crier au privilége et de dire que je prêche ici pour mon saint : ce qui ne serait pas exact, vu notre résidence départementale à Versailles. Je me borne donc à émettre l'idée, sans même la proposer, malgré son utilité pratique.

Un autre argument dit qu'il est nécessaire que chaque conseil général soit garni d'un nombre quelconque de sénateurs et de députés, pour qu'un lien permanent existant entre ces conseils et les Chambres, ces derniers restent ainsi mieux au courant des besoins des départements et ne les oublient point.

Il y a du vrai aussi dans cette raison qui rentre d'ailleurs dans la précédente ; toutefois, elle est beaucoup moins sérieuse. Comment peut-on craindre que nous tous, devenus sénateurs ou députés par les conseils généraux, nous ayions la possibilité et encore moins l'intention d'oublier jamais le département qui nous nomme, les collègues aimés dont on ne se sépare qu'avec tant de regrets, qu'il faut rien moins qu'un sentiment de devoir bien arrêté pour se condamner à ce sacrifice.

Enfin, je relate ici pour mémoire et pour qu'on ne dise point que je les ai passés sous silence, tout le fretin des arguments secondaires tels que :

« Ce serait attenter aux droits des électeurs en les for-
çant de prendre plusieurs représentants, tandis qu'ils se
contentent d'une bonne à tout faire : que les choses
allant ainsi depuis longtemps, il n'y a pas de péril en la
demeure et par conséquent nécessité de rien changer
sous ce rapport : qu'il est utile à la chose publique, que
quelques hommes çà et là, dans un département, aient
un pied dans tout pour diriger l'opinion, mener la bar-
que, etc., etc. »

Les souverains, qui jadis étaient à la fois ducs et
marquis d'autant de marquisats qu'eux-mêmes ou leurs
aïeux en avaient pu prendre : qui, de plus, étaient tout
ensembles rois, empereurs et papes, comme la reine
d'Angleterre : enfin dieux même, par-dessus le marché,
comme les empereurs romains, devaient dire exacte-
ment tout cela, pour continuer d'exercer, en soliveaux
ou en brochets, leurs tas de fonctions hétéroclites, plus
que difficile à concilier. Il n'empêche que peu à peu la
civilisation les a généralement débarrassés de leurs far-
deaux ou se met en devoir de le faire.

Les républiques naissent et vont naître en maints en-
droits, surtout si la nôtre est sage. Le Nouveau-Monde
ne veut plus que cela : nous non plus, n'est-ce pas ?
Et beaucoup d'Anglais clairvoyants disent que, pour
avoir mis une couronne de plus sur sa tête déjà pen-
chée sous le vent des républiques, la reine Victoria —
que Dieu garde ! — pourrait bien avoir compromis la
durée de son trop nombreux écrin ! Personne, plus que
nos voisins d'outre-Manche, ne tient à conserver frisant
ses perruques et ses abus : mais leur histoire, comme la
nôtre, est semée de révolutions : et, qui trop embrasse,
mal étreint.

Tels m'apparaissent le pour et le contre de cette importante question. Il résulte, selon moi, des pages précédentes que nous devons, dans notre intérêt français, faire cesser ce cumul partout où on peut l'éviter; bien qu'évidemment, je ne vous le dissimule point, la grande majorité du Parlement soit d'un avis contraire.

Je suis trop bon collègue pour lui jeter le trait du Parthe, en disant pour finir : « Vous êtes orfévre, M. Josse. »

Mais, en vue de justifier mon désaccord avec la majorité actuelle, je citerai ce fait : que les sénateurs et députés de Paris qui étaient en même temps conseillers viennent de donner leur démission de conseillers.

Or, quoi qu'en disent ses détracteurs, souvent plus jaloux qu'autre chose, c'est toujours Paris qui donne le branle à tout, d'un bout du monde à l'autre, par droit de foyer et de rayonnement.

Pour me résumer par une comparaison, je dirai : que rester conseiller général, quand on est devenu sénateur ou député, c'est comme si un colonel devenu général voulait rester colonel de son régiment, sous prétexte que son régiment fait partie de sa brigade.

Cela est tentant. Je le sais bien. Je le sens autant que qui que ce soit. C'est une famille que le régiment; et, si voyageur que le sort vous ait fait, nul ne quitte sans regret la famille qu'il aime. Mais c'est le devoir, il faut l'accomplir.

Sous l'empire des idées que je viens de vous exposer, j'avais donc l'intention bien arrêtée de donner ma démission de conseiller général le lendemain de la validation de mes pouvoirs par la Chambre. Mais dès avant cette époque, beaucoup d'entre vous et, entre autres, deux futurs candidats à mon héritage, m'ont demandé tous deux d'ajourner ma démission.

« Pour ne pas fatiguer les électeurs par des élections répétées et surtout pour que le nouvel élu ne soit pas obligé, au bout d'une année, de recommencer une campagne électorale, afin de conserver son poste récemment conquis. Or, c'est ce qui arriverait en effet, puisque le siége que j'occupe au Conseil général est soumis à la réélection l'an prochain : de telle sorte que le conseiller qui serait élu présentement à la suite de ma démission serait soumis à la réélection l'année prochaine, comme je l'eusse été moi-même si j'avais persisté à me représenter. »

Dans cette conjoncture, j'ai, je l'avoue, été très-embarrassé, c'est même ce qui fait que j'ai tardé deux mois à écrire la présente lettre.

D'une part, j'avais assez de labeurs multiples pour désirer me décharger de l'un d'eux le plus tôt possible. En outre, j'avais dit à plusieurs de mes amis que je donnerais ma démission si j'étais élu. Or, je n'ai rien tant à cœur que d'exécuter fidèlement ce que je promets.

D'autre part, mes amis politiques me demandaient de conserver mon poste encore quelque temps, dans l'intérêt de notre cause commune. Les candidats mêmes de mon parti, me priaient de ne pas me tuer avant l'heure. Je sentais qu'ils avaient raison : et puis, quelque décidé qu'on soit à mourir, c'est une si bonne chose, que de vivre encore une année avec les collègues qu'on aime !

J'ai remis mon décès partiel à la fin de mon mandat de conseiller, en faisant ce qu'on fait si souvent dans cette vie, un compromis. C'est-à-dire que j'annonce publiquement ma résolution de ne pas me présenter dans un an aux élections du Conseil général : afin de ne pas cumuler. Cela me libère de ma promesse ; satisfait mes amis et permet à mes aspirants successeurs de faire dès aujourd'hui librement leurs démarches électorales préliminaires, sans crainte de manquer à leurs sentiments d'amitié, puisqu'il est bien entendu que je me retire l'an prochain. Mais conformément à leur vœu, je garde le poste jusqu'à cette époque, où je le transmettrai à votre élu, c'est-à-dire, j'en suis certain d'avance, au plus digne !

Je saisis cette occasion, messieurs et chers concitoyens, pour vous renouveler l'expression de mes sentiments à la fois reconnaissants et dévoués.

ÉMILE CARREY.